Wundervolle Reise durch die
NACHT

INHALT

SCHLEIEREULE

Wenn es abends dunkel wird, verlässt die
geisterhafte Schleiereule ihren Ruheplatz.
Sie gleitet über die Felder, ihre Flügel schlagen
unhörbar. Die Schleiereule kann im Mondschein
und selbst bei schwachem Licht sehen. Sie jagt in
der Nacht. Dann sind andere Greifvögel wie
Turmfalke und Habicht nicht unterwegs.
Sie suchen tagsüber nach Beute.

Lautlose Jagd

Die Schleiereule findet sich in der Dunkelheit sehr gut zurecht. Mit ihren scharfen Augen und Ohren spürt sie kleine Tiere wie Mäuse auf. Die Eule hört jedes kleinste Geräusch. Weiche Federn säumen ihre Flügel, sodass sie lautlos fliegt.

Die Eule sieht eine Maus, ...

... fliegt tief ...

Schleiereulen leben in der Nähe von Bauernhöfen und Ruinen oder im Wald.

Schleiereulen rufen nicht, sondern sie quietschen und zischen.

Maus

Wühlmaus

Eulenohren ➤

Das herzförmige Gesicht der Schleiereule fängt Töne auf und verstärkt sie. Die Ohren sitzen seitlich am Kopf, eines ein wenig höher als das andere. So kann die Eule selbst leiseste Geräusche genau orten, sogar die einer Maus unter Laub oder Schnee.

... und greift sie mit gestreckten Krallen.

Eulenaugen ➤

Die riesigen Augen der Schleiereule sammeln viel Licht und sehen daher im Dunkeln. Eulen können nur gerade-aus blicken, aber dafür ist ihr Hals sehr beweglich. Sie können den Kopf fast ganz herum- und von oben nach unten drehen.

Essenszeit

Die Schleiereule setzt sich auf einen Stein und lässt sich ihre Beute schmecken. Sie schluckt sie meist ganz hinunter, weil sie nicht kauen kann. Fellstücke und Knochen würgt sie später wieder aus. Diese Reste sehen aus wie schwarze Kügelchen. Man nennt sie „Gewölle". An ihnen kann man erkennen, was die Eule gefressen hat.

Wenn sie Glück hat, fängt die Eule vier oder fünf Mäuse in einer Nacht.

Lebenslange Treue

Schleiereulen bauen ihr Nest in Baumlöchern, Scheunen oder Ruinen. Männchen und Weibchen bleiben ihr Leben lang zusammen und kommen jedes Jahr zum selben Ort zurück. Das Weibchen legt meist zwei bis drei Eier, aus denen hungrige Küken schlüpfen. Die Eltern jagen und versorgen sie mit Nahrung.

GLÜH-WÜRMCHEN

Wenn es Nacht wird, versinkt der Wald in tiefer Dunkelheit. Selbst das helle Licht des Vollmonds dringt kaum durch die dichten Blätter. In der Tintenschwärze der Nacht haben die Waldtiere Möglichkeiten entwickelt, wie sie im Dunkeln sehen und gesehen werden können.

Hirsch

Nachtaktive Tiere haben besonders scharfe Augen, Ohren und Nasen, sodass sie sich im Dunkeln gut zurechtfinden.

Rotluchs

Tagsüber schlafen die meisten nachtaktiven Tiere, nachts gehen sie auf Futtersuche.

Kojote

Schwarzbär

Licht an ➤

Einige Lebewesen können selbst
Licht erzeugen: Ihr Körper produziert
Stoffe, die leuchten. Im Wald leben
Leuchtkäfer, die Glühwürmchen. Auch
viele Bewohner der Tiefsee wie Fische,
Quallen und Garnelen leuchten.

Glühwürmchen

Lichter in der Nacht

Wenn du in einer Sommernacht Lichter im Wald funkeln siehst, sind dort wahrscheinlich Glühwürmchen unterwegs. Man nennt sie auch Leuchtkäfer. Sie erzeugen ihr Licht selbst und können es ein- und ausschalten wie kleine Taschenlampen. Die verschiedenen Arten erzeugen bei ihrem Flug durch die Nacht unterschiedliche Lichtmuster. Einige blinken nur kurz mit langen Pausen dazwischen, andere leuchten durchgehend.

Mit ihrem Licht locken Glühwürmchen
Partner zur Fortpflanzung an. Die
Männchen und Weibchen einer Art
erkennen einander daran, wie sie
leuchten oder blinken.

Tanzende Lichter

Einige Glühwürmchenarten können etwas ganz Besonderes: Sie stimmen ihre Lichter aufeinander ab und schalten sie in kurzen Abständen genau gleichzeitig ein und aus. Zu bestimmten Jahreszeiten versammeln sich Tausende von ihnen zur Paarung. Einige fangen an zu blinken und im Lauf der Nacht stimmen immer mehr von ihnen ein. So entsteht ein zauberhaftes, funkelndes Lichtermeer im sommerlichen Wald.

Die meisten Leuchtkäfer erzeugen gelbes Licht, aber einige leuchten auch grün, blau oder orangefarben.

Auch manche Hutpilze leuchten.

Leuchtstoffe ➤

Glühwürmchen erzeugen das Licht im
hinteren Teil ihres Körpers. Dort sitzen
spezielle Zellen: Sie enthalten Stoffe
die Licht erzeugen, wenn sie mit Luft
in Kontakt kommen. Die Käfer können
den Luftstrom im Körper steuern
und so ihr Licht ein- und
ausschalten.

Mit dem Blinken locken
erwachsene Glühwürmchen
Partner an. Die Larven
leuchten auch: Das Licht soll
Fressfeinde abschrecken.

DUNGKÄFER

Ob Mensch oder Tier – alle stehen unter dem Einfluss des Nachthimmels. Es gibt aber ein seltsames Lebewesen, das eine ganz besondere Beziehung zu ihm hat. Am Tag orientiert sich der afrikanische Dungkäfer an der Sonne. So kann er sich schnell und schnurgerade fortbewegen. In der Nacht funktioniert das nicht. Dann hilft ihm etwas anderes, seine Spur zu halten.

Afrikanischer
Dungkäfer

Dungkäfer sind unglaublich stark. Sie rollen Dung-kugeln, die 50-mal schwerer sind als sie selbst.

Wertvoller Dung ➤

Der Dungkäfer sammelt den Mist von anderen
Tieren. Er frisst ihn und füttert damit seine Jungen.
Damit ihm die anderen Dungkäfer nichts weg-
nehmen können, formt er den Mist zu einer Kugel
und rollt sie immer vor sich her.

Afrikanische Dungkäfer
brauchen den Mist von größeren
Tieren wie Elefanten.

Schnell weg! ➤

Die Käfer versuchen ihre Kugel so
schnell wie möglich und in schnur-
gerader Linie in ihre Bruthöhle
zu schaffen, damit andere Käfer
ihnen die wertvolle Nahrung
nicht stehlen können.

17

Licht im dunklen Weltraum

Die Milchstraße ist ein herrlicher Anblick in der Nacht.
Das funkelnde Lichterband erstreckt sich über den gesamten
Nachthimmel. Das Sonnensystem mit dem Planeten Erde liegt
innerhalb der Milchstraße. Unsere Sonne ist einer der vielen Milliarden
Sterne in dieser riesengroßen Galaxie. Und für den Dungkäfer
bringt die Milchstraße die Lösung für sein Problem.

Hilfreiche Lichter ➤

Wenn sich der Dungkäfer nicht an der Sonne
oder dem Mond orientieren kann, nutzt er das
Leuchten der Milchstraße. So kann er seine
Kugeln geradeaus vorwärts schieben.

Die Milchstraße

Galaxien sind riesige Ansammlungen von Staub und Gasen, die sehr viele Sterne enthalten. Die Milchstraße ist in Wirklichkeit eine riesengroße Spirale, aber von der Erde aus betrachtet sieht sie aus wie ein lang gestrecktes Band. Das kommt daher, dass wir nur Teile der Spirale sehen können.

In der Milchstraße gibt es mindestens 100 Milliarden Sterne. Sie ist so groß, dass das Licht von einem Ende zum anderen rund 100 000 Jahre braucht.

Ist der Nachthimmel bewölkt, bewegen sich Dungkäfer oft im Kreis.

BAOBAB

Auf der Insel Madagaskar, die im Meer vor
Afrika liegt, stehen riesige Baobab-Bäume.
Zu Beginn der Regenzeit gibt es dort oft
schwere Gewitterstürme. Während die Blitze
über den Himmel zucken und der Regen auf
die staubige Erde prasselt, saugen die Bäume
das Wasser auf. So bereiten sie sich auf die
zauberhaften Nächte vor, die es jedes Jahr
nur ein paarmal gibt.

Pollen

Nachtfalter

Blütendämmerung

Wenn der Regen und die Gewitterstürme
nach einigen Wochen aufhören, werfen die
Bäume ihre Blätter ab, um Energie zu sparen.
An ihrer Stelle wachsen nun runde Knospen.
Wenn bei Sonnenuntergang die Dämmerung
anbricht, öffnen sich die Knospen und
kleine, weiße Blüten erscheinen.

Mit dem Wind ⮞

Wenn sich die Knospen öffnen, trägt
der warme Wind den Duft der Blüten
davon. Ringsum werden die Tiere von
dem Duft angelockt. Sie machen sich
auf den Weg zum Baum.

Nachtfalter ⮞

Große Schmetterlinge fliegen nachts umher.
Sie trinken den süßen Nektar aus den Blüten.
In den Blüten befindet sich feiner, puderiger Blütenstaub,
der Pollen. Während die Falter trinken, bleibt Pollen an ihren
Körpern haften. Wenn sie von Blüte zu Blüte weiterfliegen,
verteilen sie den Pollen im ganzen Baum.

Blüten im Dunkeln

Erst wenn die Sonne untergegangen ist und die Sterne am Himmel leuchten, öffnen sich die Blüten der Bäume ganz. Im Mondlicht erstrahlen die weißen Blütenblätter, sie sind im Dunkeln weithin sichtbar. Angelockt von ihrem Duft klettern nachtaktive Lemuren auf die Zweige und kräftige Flughunde schwärmen um die Bäume herum.

Flughund

Nächtliche Besucher ➤

Die Flughunde und Lemuren huschen von Blüte zu Blüte und trinken den Nektar – ebenso wie die Nachtfalter. Wenn sie ihre Schnauze zwischen die Blütenblätter schieben, bleibt Pollenstaub an den Köpfen hängen. Während sie von Blüte zu Blüte ziehen, verbreiten sie den Pollen, der an ihrem Fell haftet.

Pollen

Lemur

Natürlicher Kreislauf ➤

Bei Sonnenaufgang kehren die Tiere zum
Schlafen an ihre Ruheplätze zurück und die
Blüten welken. Der Baobab blüht jedes Jahr nur
in wenigen Nächten. Doch aus dem Pollen, den
die Tiere verbreiten, entstehen neue Samen.
In etlichen Jahren wachsen sie mit etwas Glück
zu neuen, riesigen Bäumen heran.

Am hellsten leuchten die gelben und grünen Polarlichter.

POLARLICHTER

Um den Nord- und Südpol herum zeigen sich nachts am Himmel oft wellenförmige Lichtbänder. Diese Polarlichter gehören zu den wunderbarsten Naturschauspielen der Erde. Wer sie einmal gesehen hat, vergisst sie nie mehr. Die grünen, blauen, roten und violetten Bänder wandern in weiten Wellen über den Himmel.

Sonnenwind ➤

Polarlichter erscheinen, wenn die Sonne Ströme
aus winzigen, für uns unsichtbaren Teilchen ausstößt.
Diese treffen auf Gase in der Erdatmosphäre und
durch das Magnetfeld der Erde entsteht ein
magisches Leuchten. Polarlichter gibt es auch auf
den Planeten Jupiter und Saturn.

In Finnland erzählten die Menschen früher, ein Fuchs würde mit brennendem Schwanz über den Himmel jagen.

Die Inuit in der Umgebung des Nordpols hielten die Lichter für die Geister der Toten. Sie stellten sich vor, wie die Geister auf den Schneefeldern im Himmel ein seltsames Ballspiel spielen.

Eine Herde Wale sucht unter dem flimmernden Himmel Nahrung. Einige Völker glaubten, das Polarlicht sei der Blas, also die ausgestoßene Atemluft von Walen.

Nordlicht

Über den eiskalten Gewässern des Nördlichen
Eismeeres bewegen sich schillernde Polarlichter
über den Himmel am Nordpol. Hier nennt man sie
Nordlicht. Die Völker erzählen sich Geschichten
über dieses Licht am Himmel.

In einer Kolonie von Kaiser-
pinguinen leben bis zu 20 000
Vogelpaare zusammen.

Tapfer wie ein Pinguin

Unter dem flimmernden Himmel versammeln
sich die Kaiserpinguine. Sie gehören zu den
wenigen Tieren, die den eisigen Stürmen und
der Kälte des Winters am Südpol widerstehen.
Dichte Federn und Fettpolster schützen ihren
Körper vor der Kälte. Wenn es besonders eisig
wird, drängen sich die Pinguine eng aneinan-
der und wärmen sich gegenseitig.

Kaiserpinguine sind
die größte Pinguinart.
Sie werden mehr als
einen Meter groß.

Am schönsten leuchtet das Polarlicht am wolkenlosen Himmel.

Südlicht

Am anderen Ende der Erde, am Südpol, sorgt das Südlicht für eine atemberaubende Show. Man sieht es am besten mitten im eiskalten Winter. Daher werden es die wenigsten von uns jemals in voller Pracht zu sehen bekommen.

Die frühen Menschen glaubten,
dass die Wölfe den Mond anheulen,
aber in Wirklichkeit verständigen
sich die Wölfe in einem Rudel
auf diese Weise.

DER MOND

Der Mond ist eine riesige Kugel aus Stein. Seine Oberfläche
ist mit Kratern übersät, die durch Einschläge von Meteoriten
entstanden sind. Die Menschen blicken seit langer Zeit fasziniert
zum Mond auf. Er ist unser nächster Nachbar im Weltall und
bisher der einzige Himmelskörper, auf dem Menschen
gelandet sind. Auf seiner Bahn um die Erde ändert er scheinbar
Nacht für Nacht seine Form. Wir nennen das „Mondphasen".

Mondschein ➤

Der Mond ist zwar der hellste
Himmelskörper am Nachthimmel,
aber er erzeugt sein Licht nicht
selbst. Wir sehen ihn von der Erde
aus, weil die Sonne ihn anstrahlt.

Mondzauber

Der leuchtende Vollmond bietet einen zauberhaften Anblick. Der Mond übt eine starke Anziehungskraft auf die Erde aus, obwohl er viel kleiner und außerdem fast 385000 Kilometer weit entfernt ist. Die Schwerkraft des Monds und der Sonne zieht zum Beispiel das Wasser der Ozeane an. Auf diese Weise entstehen Ebbe und Flut am Meer. Der Mond beeinflusst auch das Verhalten von Tieren.

Nächtliche Jagd ➤

Ziegenmelker sind kleine, nachtaktive Vögel. Sie haben große Augen und jagen im Dunkeln. Forscher haben erkannt, dass sie in mondhellen Nächten länger fressen, weil sie dann besser sehen können.

Ziegenmelker schnappen nach Nachtfaltern und anderen Insekten.

Ziegenmelker

Für die Reise nach Afrika brauchen die Ziegenmelker etwa drei Monate.

Weite Wanderung ➤

Ziegenmelker sind Zugvögel. Sie fliegen jedes Jahr im Spätsommer von Europa nach Afrika. Ihre Abflugzeit richtet sich wohl nach dem Mond: Sie beginnen ihre lange Reise immer ungefähr zehn Tage nach einem Vollmond.

Im Mondlicht

Sieh dir den Mond einmal genau an: Er ändert scheinbar jeden Tag seine Form. Die Sonne erhellt immer nur eine Seite des Monds und da er um die Erde kreist, sehen wir manchmal größere und dann wieder kleinere Teile der erleuchteten Seite. Der Mond bleibt also immer gleich – es ändert sich nur der Teil der hellen Seite, den wir sehen.

Veränderliche Form ⟩

Der Mond sieht jeden Tag anders aus. Es dauert 29,5 Tage, bis der Mond alle Mondphasen durchlaufen hat. Bei Neumond sehen wir ihn nicht. Es folgen die dünne Sichel, die immer dicker wird, dann der Vollmond, die abnehmende Sichel und dann wieder der Neumond.

Abnehmende
Sichel

Die Rückseite des Monds ist immer
von der Erde abgewandt. Wir nennen
sie auch die „dunkle Seite", weil wir
sie nie sehen können.

Der Fatu-Felsen
vor der Insel
Tutuila im
Pazifischen Ozean

Wegweiser am Himmel

Die ersten Seefahrer auf ihren Segelschiffen hielten mit der Hilfe des Monds und der Sterne ihre Richtung ein. Sie waren darauf angewiesen, dass der Mond und die Sterne am Himmel ihnen den Weg zeigten, denn es gab noch keine Satelliten oder andere technische Hilfsmittel. Der Mond sieht überall auf der Welt gleich aus. Deshalb war es für einige der Seeleute, die so weit weg von zu Hause waren, sicher oft auch ein Trost, dass ihre Frauen und Kinder nachts zum selben Mond aufblickten wie sie.

Mondstraße

Das Licht des Monds glitzert silbrig auf dem Wasser des Ozeans. Es erzeugt eine helle Bahn, die weit entfernt am Horizont scheinbar mit dem Himmel verschmilzt.

Weit weg von den Siedlungen der Menschen sieht man den Mond und die Sterne viel klarer als in der Stadt.

Cassiopeia trägt den Namen einer Königin in den griechischen Sagen. Das Sternbild besteht aus fünf Sternen, die ein „W" bilden.

Wandernde Sterne ➤

Im Lauf einer Nacht und auch während des Jahres verändern die Sternbilder scheinbar ihren Platz am Himmel. In Wahrheit bewegt sich aber die Erde. Sie dreht sich um sich selbst und kreist gleichzeitig auf ihrer Bahn um die Sonne.

STERNBILDER

Als die Menschen noch nicht wussten, dass die Sterne in Wirklichkeit lauter Sonnen sind, erzählten sie sich viele Geschichten über sie. Sie dachten sich Formen und Muster aus, um sie ein wenig zu ordnen. Sie gaben ihnen Namen von bekannten Figuren aus ihren Sagen und Legenden und von Dingen oder Tieren. Wir kennen diese Muster heute als die 88 Sternbilder.

Polarstern

Zum Kleinen Wagen gehört
der Polarstern. Dieser zeigt
immer genau nach Norden.

Das Sternbild Drache wurde
nach dem Drachen aus einer
griechischen Sage benannt.
Sein langer Schweif windet
sich um den Kleinen Wagen.

Suche nach der Form eines
Hauses mit spitzem Dach.
Dieses Sternbild heißt Cepheus.
König Cepheus war mit Königin
Cassiopeia verheiratet.

Ort und Zeit ➤

Welche Sternbilder du sehen kannst, hängt von
der Jahreszeit ab und auch davon, wo
auf der Erde du gerade bist. Die
vier hier gezeigten Sternbilder
sind nur für Menschen auf der
Nordhalbkugel der Erde sichtbar,
jedenfalls für alle, die in Europa leben.

STERNSCHNUPPEN

Wenn ein kleiner Gesteinsbrocken aus dem All durch die
Erdatmosphäre abstürzt, verglüht er. Dabei entsteht ein
hell leuchtender Streifen, den wir Sternschnuppe nennen.
Sternschnuppen haben aber gar nichts mit Sternen zu tun.
Sie sind einfach kleine Steine, die verglühen und vergehen.
Der Fachausdruck dafür ist Meteor.

Meteorschauer ➤

Es fallen ständig Meteore zur Erde, aber hin und
wieder sieht man viele gleichzeitig. Sie bilden dann einen
Meteorschauer. Diese entstehen zum Beispiel, wenn sich
die Erde durch eine Staubwolke bewegt, die ein Komet
auf seiner Bahn um die Sonne hinterlassen hat. Meteorschauer sehen aus wie ein Feuerwerk am Nachthimmel.

KOMET

Vor fast 2000 Jahren beobachteten Astronomen in der antiken Stadt Babylon von einem abgelegenen Hügel aus eine erstaunliche Erscheinung. Sie sahen ein rätselhaftes, helles Licht am Nachthimmel. Voller Erstaunen fragten sie sich, was dieses Licht wohl sein könnte. Sie konnten nicht wissen, dass dieses Licht nicht zum ersten Mal erschien, und auch nicht, dass es immer wiederkehren würde ...

Ein Komet erscheint

Die rätselhafte Lichterscheinung war in den folgenden
Jahrhunderten immer wieder zu sehen. Sie tauchte
scheinbar aus dem Nichts auf. Die Menschen waren
deshalb oft verunsichert oder bekamen sogar Angst.
Manche hielten das Licht für einen Stern,
der zur Erde fiel. In Wahrheit war es ein Komet
auf seinem Weg durch den Weltraum.

Eis und Stein ➤

Kometen sind keine fallenden Sterne, sondern
Brocken aus Eis, Stein, Staub und Gas, die um die
Sonne kreisen. Wenn sie auf ihrer Umlaufbahn
in die Nähe der Erde kommen, können wir sie am
Himmel sehen. Sie verschwinden wieder, wenn ihre
Bahn sie von der Erde fort führt.

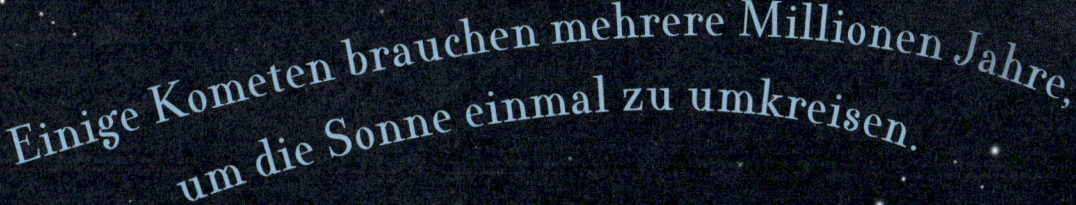

Einige Kometen brauchen mehrere Millionen Jahre, um die Sonne einmal zu umkreisen.

Kraft der Sonne ➤

Auf dem Großteil ihrer Bahn können wir Kometen nicht sehen. Wenn sie sich aber der Sonne nähern, schmilzt das Eis durch die Sonnenwärme. Gas und Staub bilden dann eine Wolke um den Kometen. Teilchenströme, die von der Sonne ausgehen (der Sonnenwind), lenken diese Wolke weg von der Sonne, sodass sie einen langen Schweif bildet.

Bis zum nächsten Mal ...

Kometen werden seit vielen Tausend Jahren immer wieder beobachtet. Aber erst vor wenigen Hundert Jahren erkannte der englische Astronom Edmond Halley, dass es sich bei vielen Sichtungen jeweils um den gleichen Kometen handelte, der regelmäßig wiederkehrte. Dank Halleys Berechnungen wissen wir heute, wann wir diesen Kometen wieder am Nachthimmel erwarten können.

Halleys Komet

Halley sah den Kometen im Jahr 1682 und wusste, dass er zuletzt 1607 und 1531 erschienen war. Aus diesen Daten schlussfolgerte er, dass der Komet etwa alle 75 Jahre ins innere Sonnensystem vordringt und dann von der Erde aus zu sehen ist.

Der Halleysche Komet
war 1986 zuletzt sichtbar
und wird im Jahr 2062
wiederkehren.

Halley starb, bevor er
beweisen konnte, dass er
recht hatte. Der Komet
bekam ihm zu Ehren
später den Namen
Halleyscher Komet.

BLICK ZU DEN STERNEN

Wenn die Sonne untergeht, taucht ein Stern nach dem anderen am Himmel auf. Wir können etwa 3000 Sterne erkennen. Das ist zwar schon eine ganze Menge, aber es gibt noch viele Milliarden Sterne, die wir nicht sehen können. Ein Observatorium hat ein starkes Teleskop: Es ist wie ein Fernrohr, das uns Bereiche des Universums zeigt, die wir mit bloßem Auge nie sehen würden.

Weit weg von allem ➤

Observatorien werden an abgelegenen Orten
gebaut, wo sie weit weg von den Lichtern
und der staubigen Luft der Städte sind. Meist
stehen sie in der Wüste oder auf einem hohen
Berg, wo die Luft still, trocken und wolkenlos
ist. Dort ist der Himmel sehr klar und dunkel.
Die Teleskope haben dort die beste Sicht in
die unendlichen Weiten des Weltraums.

Aus der Kuppel der ISS haben die Astronauten den besten Blick auf die Erde. Jede Tageszeit ist besonders, aber am schönsten sind wohl die Lichter der Nacht.

DIE ERDE BEI NACHT

So sehen Astronauten die Erde bei Nacht. Seit 2000 ist die Internationale Raumstation (ISS) ständig bewohnt. Zurück-kehrende Raumfahrer erzählen vor allem davon, wie schön und gleichzeitig zerbrechlich die Erde aussieht.

Polarlicht

Blitze

Unsere Heimat im All ➤

Die Astronauten auf der ISS sind vielbeschäftigt: Sie
forschen und oft müssen sie Geräte reparieren. Ihre Arbeit ist
schwierig und gefährlich, aber sie erleben auch Einzigartiges:
Aus dem Weltraum sieht man besonders gut, wie wunderbar
und einzigartig unser Planet ist. Die Erde mit ihrer dünnen
Luftschicht schützt und bewahrt alle Lebewesen –
Menschen, Tiere und Pflanzen.

Abgesehen von Sonne und Mond ist die ISS das hellste Licht am Himmel. Wir können sie sehen, weil das Sonnenlicht sie anstrahlt.

Hoch über den Dächern

Auch während wir Menschen schlafen, zieht die ISS hoch über der Erde weiter ihre Bahn. In klaren Nächten können wir sie sogar erkennen. Sie sieht zwar nur aus wie ein vorbeiziehender Lichtpunkt, aber sie ist eine der größten bisherigen Leistungen der Menschheit. Heute arbeiten Astronauten dort, aber wer weiß ... vielleicht fliegen Menschen bald noch weiter hinaus in den Weltraum!

Die Station bewegt sich in einem Bogen über den Nachthimmel.

ISS

Endlose Weiten

Im Weltraum gibt es noch viel zu entdecken. Er ist riesengroß und enthält viele Geheimnisse, die wir Menschen erforschen können. In der Natur oder in Planetarien, Sternwarten und Sternenparks kannst du interessante Himmelserscheinungen sehen und sie dir erklären lassen.

Je weiter du von den hellen Lichtern der Stadt entfernt bist, desto besser kannst du das Licht der Himmelskörper sehen.

REGISTER

Text von
Anita Ganeri
Illustrationen Charlotte Pepper

Lektorat
James Mitchem, Penny Smith, Sarah Larter

Gestaltung und Bildredaktion
Claire Patane, Polly Appleton, Eleanor Bates, Charlotte Milner,
Mabel Chan, Sakshi Saluja, Helen Senior

Umschlaggestaltung
Elle Ward, Issy Walsh

Herstellung
Tony Phipps, Inderjit Bhullar

Für die deutsche Ausgabe:
Programmleitung Monika Schlitzer
Redaktionsleitung Martina Glöde
Projektbetreuung Dörte Eppelin
Herstellungsleitung Dorothee Whittaker
Herstellungskoordination Ksenia Lebedeva
Herstellung Inga Reinke

Titel der englischen Originalausgabe:
Through the night sky

Übersetzung Birgit Reit
Lektorat Agnes Pahler

ISBN 978-3-8310-4124-4

Druck und Bindung Leo Paper Products, China

www.dk-verlag.de

Die Autorin

Anita Ganeri ist eine preisgekrönte
Autorin von mehreren Hundert Sach-
büchern für Kinder. Sie studierte Sprachen
an der Universität Cambridge, arbeitete
in London im Verlagswesen und zog dann
in den Norden Englands. So oft es ihr
möglich ist, reist Anita an weit
entfernte Orte.

Die Illustratorin

Die studierte Designerin Charlotte Pepper
entwarf lange Zeit Grußkarten, seit
Kurzem illustriert sie auch Bücher. Sie
beschäftigt sich mit den unterschiedlichs-
ten Themen und entwirft gern eigenwillige
Figuren oder Landschaften. Für DK hat
Charlotte Pepper auch das Buch
Wilde Tiere illustriert.

Dank und Bildnachweis

Der DK Verlag dankt Chris Oxlade für fachliche Beratung und Alexina Thielemans von Advocate-Art.

Der Verlag dankt folgenden Personen und Organisationen für die freundliche Genehmigung zum Abdruck von Fotos:

(Abkürzungen: o = oben, u = unten, m = Mitte, l = links, r = rechts, g = ganz, Hg = Hintergrund)

1 123RF.com: Boris Stromar / astrobobo (m). 2–3 Shutterstock: Red ivory. 2 123RF.com: Boris Stromar / astrobobo (mro). 3 Alamy Stock Photo: Sasa Kadrijevic (mro). 5 Alamy Stock Photo: David Brabiner (m). 6–7 Dreamstime.com: Rbiedermann (u). 8–9 Dreamstime.com: Rbiedermann (u). 10–11 Alamy Stock Photo: Bill Lea / Dembinsky Photo Associates (u). 10 Getty Images: David Q. Cavagnaro (mu). 11 123RF.com: Brandon Alms (mru); Steve Byland (mo). Getty Images: David Q. Cavagnaro (mu). 13 Alamy Stock Photo: Philip Silver (mr). 14–15 naturepl.com: Floris van Breugel. 14 Alamy Stock Photo: Jacek Nowak (ul). 15 Getty Images: Ali Majdfar (mr). 16–17 123RF.com: Samart Boonyang (go). 16 Dreamstime.com: Neal Cooper (mlu); Duncan Noakes (u). 17 123RF.com: mhgallery (mlu); Duncan Noakes (ml). Getty Images: Don Farrall / Photodisc (ml/Elefantenjunges). Alamy Stock Photo: Nature Picture Library (um). 18–19 Shutterstock: Red ivory (go). 19 Alamy Stock Photo: Rolf Nussbaumer Photography (ur). 24–25 Dreamstime.com: Paop (Baum). 24 Alamy Stock Photo: blickwinkel (mro); Rolf Nussbaumer Photography (mlo, m). 25 Alamy Stock Photo: Image Professionals GmbH (mu); Rolf Nussbaumer Photography (gom, mr, mru). 26–27 123RF.com: Atiketta Sangasaeng. 28–29 123RF.com: Petri Jauhiainen. Dreamstime.com: Denis Belitskiy (mu/Hg). 28 Alamy Stock Photo: National Geographic Image Collection (mu). Dreamstime.com: Fiona Ayerst (ul). 30–31 naturepl.com: Stefan Christmann. 30 Getty Images: David Tipling / Digital Vision (mlu). Dreamstime.com: Kotomiti_okuma (mugl). 31 Getty Images: Frank Krahmer / Photographer's Choice RF (ur). 32 Dorling Kindersley: Jerry Young (mu). Dreamstime.com: Chris Lorenz / Chrislorenz (mu/Wolf). 33 123RF.com: Boris Stromar / astrobobo (go).

34 Alamy Stock Photo: Saverio Gatto (u). 35 123RF.com: Boris Stromar / astrobobo (go). 36–37 Dreamstime.com: Nerijus Juras (u). 37 123RF.com: Boris Stromar / astrobobo (m). 38–39 Dreamstime.com: Eddydegroot. 39 123RF.com: Boris Stromar / astrobobo (gom). 40–41 Alamy Stock Photo: David Perkins. 41 Alamy Stock Photo: Nat Chittamai (ur). 42–43 Getty Images: Pete Saloutos. 45 Dreamstime.com: Solarseven (mo). 46–47 Dreamstime.com: Sue Martin. 46 Dreamstime.com: Solarseven (mro). 48–49 123RF.com: Songquan Deng (Gebäude). Dreamstime.com: Maxym022. 67 Dreamstime.com: Solarseven (mo). 50–51 Alamy Stock Photo: Robertharding. 52–53 Alamy Stock Photo: NASA Photo. Dreamstime.com: Mopic (Bullauge). 54–55 Alamy Stock Photo: James Farley (u).

Cover: Vorn: Getty Images: Daniel Parent mru.

Alle anderen Abbildungen © Dorling Kindersley
Weitere Informationen unter www.dkimages.com